Atlas de la terre

Illustré par Daniel Moignot
Réalisé par Gallimard Jeunesse
et Jean-Pierre Verdet

GALLIMARD / MES PREMIÈRES DÉCOUVERTES ATLAS

Il y a plus de 4 milliards d'années,
la terre était une boule de roche brûlante.

Il y a un milliard d'années,
la terre n'était qu'un immense
océan et un immense continent.

Puis, lentement, les continents se sont séparés.
Aujourd'hui encore, l'Amérique s'éloigne
lentement de l'Afrique.

Ce planisphère représente
les deux hémisphères terrestres.

Forêts tropicales

Savanes, steppes ou pampas

Plaines riches

Déserts arides

Pôles

Océans

Les deux tiers du globe terrestre
sont recouverts par les océans et les mers.

Le fond des mers a
un relief aussi varié que
la surface des continents.

On y trouve des plaines,
des collines et des montagnes.

L'eau est pure et douce
dans ce lac de montagne.

L'eau des lacs et des fleuves est douce,
alors que celle des mers et des océans est salée.

L'eau de la mer Rouge contient
plus de sel que celle de l'océan Atlantique.
L'eau de mer contient environ 35 grammes de sel par litre.

A la fonte des glaciers, les fjords se sont formés et l'eau de la mer s'y est engouffrée.

La mer bat sans arrêt le rivage et en modifie lentement l'aspect.

Les mers fermées sont entourées de plages de sable ou de déserts montagneux.

Il existe plus de 500 volcans actifs sur les continents et encore bien plus au fond des océans.

Des roches en fusion remontent des profondeurs de la terre vers la surface.

Les éruptions volcaniques
peuvent former des îles.

Une île s'est formée,
couronnée par un volcan.

En Amérique du Nord et en Europe
s'étendent de grandes plaines,
où le climat tempéré et assez humide permet
de développer de riches cultures et des forêts.

Les steppes d’Asie ou les pampas d’Amérique du Sud sont de vastes étendues plates, herbeuses et pauvres.

Certaines montagnes,
comme les Alpes, sont jeunes.
Elles n'ont que quelques millions d'années.
Le vent et la neige ne les ont pas encore usées.

D'autres ont
des centaines
de millions d'années.

L'érosion
leur a donné des formes
beaucoup plus douces.

Il y a 100 millions d'années,
le Colorado coulait calmement à la surface
d'une vaste plaine.

Puis, le niveau des mers ayant baissé,
le Colorado devint une rivière tumultueuse et
s'enfonça dans la roche en creusant le Grand Canyon.

En Afrique, d'immenses prairies herbeuses
s'étendent à perte de vue : les savanes.

Des régions où l'humidité est insuffisante…

Le désert du Sahara est si aride qu'il est inhabité : l'eau a presque complètement disparu.

Le pôle Nord est au milieu de l'océan glacial Arctique.

Les Esquimaux vivent
sur les terres qui le bordent.
On y trouve aussi des pingouins,
des ours blancs, des phoques,
des morses et des rennes.

Le pôle Sud est au milieu du continent Antarctique.

Il n'est pas habité, sauf par
quelques espèces animales,
dont les phoques et les manchots.

Découvre quelques records étonnants!

Cette région désertique en Ethiopie
est la plus chaude du monde.
La température peut monter
jusqu'à +50°C.

Le désert d'Atacama, au Chili,
détient le record de sécheresse.

Le point le plus froid
du globe terrestre
est situé en Antarctique.
La température peut
descendre jusqu'à -70°C.

La région de Mawsynram,
dans le Nord-Est de l'Inde,
est la plus humide.

Le plus long canyon
mesure plus de 440 km :
c'est le Grand Canyon!

Le Sahara
est le désert
le plus étendu
de tous ceux
de notre planète.

Mes premières découvertes

1 La coccinelle
2 Le temps
3 La pomme
4 La carotte
5 L'œuf
6 L'arbre
7 Le chat
8 La couleur
9 La main et le pied
10 Sous la terre
11 La terre et le ciel
12 L'automobile
13 Le chien
14 Les petits malheurs
15 L'oiseau
16 Le bord de mer
17 Le château fort
18 L'eau
19 La fleur
20 L'ours
21 L'odorat
22 L'avion
23 La tortue
24 L'éléphant
25 La souris
26 La baleine
27 Le cheval
28 La maison
29 Le toucher
30 Le dinosaure
31 Le bateau
32 Le bébé
33 La ferme
34 L'heure
35 L'ouïe
36 La rivière
37 L'image
38 La jungle
39 Plus ou Moins
40 Le singe
41 L'abeille
42 La musique
43 La lumière
44 Le cirque
45 L'aigle
46 Le vêtement
47 Le castor
48 La ville
49 La vue
50 La boîte à outils
51 Le palmier
52 Compter
53 Le sport
54 Le goût
55 La pyramide
56 La chouette
57 Les portraits
58 Les paysages
59 Le bestiaire
60 Les tableaux
61 Les dessins fous
62 Les voitures
63 Les monstres
64 Les animaux
65 Les poissons
66 Les têtes
67 Atlas des pays
68 Atlas des plantes
69 Atlas des animaux
70 Atlas des peuples
71 La nature
72 Les maisons
73 La symétrie
74 Les grimaces
75 La mode
76 Cochons & cie
77 La grenouille
78 Le poisson
79 Le loup
80 Les formes
81 Les Indiens
82 Le corps
83 Le train
84 Le pingouin
85 Le Louvre
86 La cathédrale
87 Le chantier
88 Le téléphone
89 Le papillon
90 Atlas du ciel
91 Atlas de la terre
92 Atlas des civilisations
93 Atlas des animaux en danger
94 La sculpture
95 Vincent van Gogh
96 Les vents
97 Les percussions
98 Le plus fort
99 Le tour du monde
100 Noël
101 Le champignon
102 La vache
103 Le magasin
104 La préhistoire
105 La vie du corps
106 Robo Lapin
107 Framboises
108 Henri Matisse
109 Pablo Picasso
110 Les cordes
111 Les claviers
112 Le pain
113 Les bestioles
114 Atlas de France
115 Chapeau magique
116 Sorcière et Chat
117 Petit ogre vert
118 Robo Lapin et les pirates
119 Les pompiers
120 Atlas des îles
121 Fernand Léger
122 Le canard
123 Le loup miaou
124 Méchant loup
125 La planète grise
126 Le vélo de Noémie
127 Les voix
128 L'électroacoustique

J'observe :

129 La vie sous la ville
130 Les animaux sous la terre
131 Les animaux dans la nuit
132 Les maisons des insectes
133 Les poissons
134 Les dinosaures
135 Avant la naissance
136 Naître
137 L'impressionnisme
138 Les crèches
139 Le football
140 Oscar peint
141 Le nain de jardin
142 Pingouins pas sages
143 Grandir
144 Le vent
145 L'écureuil
146 Vivre ensemble

J'observe :

147 Le corps humain
148 Les grottes
149 Le tombeau du pharaon
150 Le ciel et l'espace
151 Le musée du Louvre
152 L'attaque du château fort
153 Halloween
154 Être grand
155 Paul Gauguin
156 Le lion
157 Internet
158 Les bruits de la vie

Responsable éditoriale : Anne de Bouchony

ISBN 2-07-059182-4

1er dépôt legal : septembre 1995
Dépôt legal : septembre 1999
Numéro d'édition : 91665

Imprimé en Italie
par Editoriale Lloyd
Loi n° 49-956 du 16 juillet 1949
sur les publications destinées
à la jeunesse